This NoteBook Belongs To :

DATE : ___ /____ /_____

DATE : ___ /____ /_____

DATE : ___ /____ /_____

DATE : ___ /____ /_____

DATE : ___ / ___ / _____

DATE : ___ /____ /_____

DATE : ___ /____ /_____

DATE : ___ /___ /____

DATE : ___ /___ /_____

DATE : ___ /____ /_____

DATE : ___ /___ /_____

DATE : ___ / ___ / _____

DATE : ___ /____ /_____

DATE : ___ /___ /_____

DATE : ___ /____ /_____

DATE : ____ /____ /_____

DATE : _____ / _____ / _____

DATE : ___ / ___ / _____

DATE : ___ /____ /_____

DATE : ____ /____ /_____

DATE : ____ / ____ / _____

DATE : ____ /_____ /_____

DATE : ___ / ____ / _____

DATE : ___ / ___ / _____

DATE : ___ / ____ / _____

DATE : ___ /____ /_____

DATE : ___ / ___ / _____

DATE : ___ /___ /____

DATE : _____ / _____ / _____

DATE : ____ / ____ / _____

DATE : _____ / _____ / _____

DATE : ___ / ___ / ___

DATE : ___ /____ /_____

DATE : ___ /____ /_____

DATE : ___ /____ /_____

DATE : ___ / ___ / _____

DATE : ___ /___ /____

DATE : _____ / _____ / _____

DATE : ____ /____ /_____

DATE : ___ /___ /_____

DATE : ____ /_____ /_____

DATE : ___ /____ /_____

DATE : ___ / ___ / _____

DATE : ___ / ___ / _____

DATE : ___ /___ /_____

DATE : ____ / ____ / _____

DATE : ___ /___ /_____

DATE : _____ / _____ / _____

DATE : ___ / ___ / _____

DATE : ___ /___ /_____

DATE : ____ / ____ / ____

DATE : ___ /____ /_____

DATE : ___ / ___ / _____

DATE : ____ / ____ / _____

DATE : ___ /___ /_____

DATE : ___ / ___ / ___

DATE : ___ / ___ / _____

DATE : ___ /___ /_____

DATE : ___ /____ /_____

DATE : ___ /____ /_____

DATE : ___ / ___ / ___

DATE : ___ /____ /_____

DATE : ___ /___ /_____

DATE : ___ /___ /_____

DATE : ___ / ___ / ___

DATE : ___ /___ /____

DATE : ___ /____ /_____

DATE : ___ /___ /____

DATE : ___ /____ /_____

DATE : ___ /____ /_____

DATE : ___ / ____ / _____

DATE : ___ / ___ / _____

DATE : ____ /_____ /_____

DATE : ___ /____ /_____

DATE : ___ /___ /___

DATE : ___ /____ /_____

DATE : ___ / ___ / ___

DATE : ___ /____ /_____

DATE : ___ /____ /_____

DATE : ____ /____ /_____

DATE : ___ /____ /_____

DATE : ___ / ___ / ___

DATE : ___ /____ /_____

DATE : ___ /____ /_____

DATE : ___ / ___ / _____

DATE : ___ /____ /_____

DATE : ___ / ___ / ___

DATE : ___ /____ /_____

DATE : ___ / ___ / ___

Manufactured by Amazon.ca
Acheson, AB

11049639R00068